Quête onirique
d'un grand peut-être sentimental

Lys Botsula

Quête onirique d'un grand peut-être sentimental

Recueil

ISBN : 979-10-377-9704-9

Préface

Fluctuat nec mergitur.

Heureuses sont les personnes qui vont entrevoir l'univers de Lys à travers ce recueil. Une plongée dans la complexité d'une femme moderne en lutte avec son époque et en constante recherche d'interactions positives.

Un témoignage fort qui est un portrait en creux de son temps.

À la lecture de cette poésie à la fois figurative et émotionnelle, il me semble percevoir la volonté de goûter aux plaisirs et de vivre de multiples expériences ; tout simplement vivre sa vie.

En simple observateur, j'admire ce besoin d'émancipation, cette destruction des barrières et cet engagement pour un monde meilleur, intrusif et déconstruit.

Voir et partager les étapes de ton évolution, d'une adolescente qui subit son environnement à la femme forte de ses décisions, est un bonheur qui me comble de fierté.

Ne plus avoir mal, se moquer du regard des gens, être épanouie, s'emparer à corps perdu de causes existentielles futiles pour une majorité nocive, n'est-ce pas la définitive de cette génération qui n'est plus désenchantée comme fut la mienne, mais tout simplement en colère ?

Partir pour voir autre chose et apprécier un autre mode de pensée t'a permis de te comprendre et surtout de savoir ce que tu ne voulais pas devenir. Les épreuves t'ont endurcie, parfois trop, mais que serait une quête sans obstacle ?

L'amour est au cœur de ce livre, un sentiment souvent contraire fait d'exaltation, d'explosion, de chair et de pleurs.

Comme cela n'a pas dû être simple pour toi de poser sur papier un cœur mis à nu, de te révéler, d'entrouvrir ta psyché. Cependant, c'est une révélation d'un être passionnel qui transpire au milieu des vers, tantôt tristes, tantôt forts, que tu appelles « tes foudroiements ».

Pour conclure, je dirais au lecteur participant à ce voyage :

Entrez, amis, n'ayez pas peur de ce que vous allez y trouver, mais plutôt savourez ce qui va en ressortir. Ce chemin est mystérieux, mais quelle aventure !

Alexandre Mary

Un oncle panseur qui pense toujours à toi

Avant-propos

J'avais lu quelque part que les derniers mots attribués à Rabelais avant son décès étaient : « Je m'en vais chercher le grand peut-être. » Bien sûr, cela faisait référence à la mort, au questionnement sur l'après.

De cette expression transpire une certaine fascination, une autre interprétation peut alors poindre, incarnant un subjuguant point d'interrogation, un manque de visibilité lorsque l'on regarde vers l'avenir. C'est bien dans cette perspective que je visualise les émotions, l'amour, les rencontres, les décisions, la vie. En y pensant, tout est façonné d'inattendu.

Le grand peut-être sentimental, c'est cette mouvance incessante des émotions, du rapport à soi, aux autres, à la nature. Une poursuite chaotique d'un inconnu qui va modeler ce recueil, entre vers imparfaits, aléas de vie, inspirations idylliques ou dystopiques, et bribes de pensées.

Des poèmes qui ont vu le jour dans les lieux les plus banals qu'atypiques, souvent avec quelques arômes d'insomnie. Une balade le long des rives sentimentales de mon être que vous vous apprêtez à entamer, j'ignore s'il faut dire : « Bonne aventure » ou « Pardon ».

poussée par une envie longtemps réprimée
d'échantillonner
un peu de vie sur papier,
assise sur le banc d'un parc isolé,
j'ai saisi une plume maculée,
et j'ai laissé
mon âme s'exprimer.

je vous invite dans mes pensées disparates,
dans mes cris silencieux et noirâtres,
dans mon aurore poétique qui éclate.

Sentir

un goût visuel,
une écoute sensorielle.

Art(r)iste

scarred from not daring to dream,
no matter how dark her thoughts shone,
she used her tears as ink for her art,
dared anyway,
and made gold out of this darkness.

Intro-vers-tie

je ne suis pas tactile verbalement,
il m'est laborieux de dire ce que je ressens,
seul l'écrit peut héberger mes foudroiements.

Constelestial

the dark was shining
in the luminary sky,
even the sunny moon
could not match
the brightness of the night
that gloomed all stars.

Vitalité fugitive

lorsque je suis sortie à la nuit tombée,
des fragments du ciel ruisselaient
sur mon visage au teint valétudinaire,
les yeux clos et les sens ouverts,
je humais les fragrances que la nature offrait,
au lieu de marcher
après le temps qui court,
qu'il est beau de dévorer un instant,
de figer des souvenirs sensoriels,
et de se sentir animée
par de petits détails environnants.

(Dés)astre

si les étoiles avaient un cœur,
elles déverseraient leurs pleurs,
éreintées de veiller dans la noirceur.

Ray-diation

I first saw her
among the stars,
hanging from the moon,
with a beam of solar light,
how radiant she was.

Ci-yeux

j'observe les étoiles
et me demande
quel ciel tu vois
de chez toi,
si toi aussi
tu regardes
les astres célestes
en pensant
à moi.

Parc(i)elle

l'aube dansait dans son regard,
un éden volcanique, laissant entrevoir
un vent torrentiel ployant les nuages,
consumant les embruns sur son passage.

Peacefulness

nothing could disturb the birds, or their
melodious voice stretching on the water,
the wind pressured the tree branches,
and forced them to dance, losing leaves
like a volatile missing feathers,
silence was the loudest, always
reestablishing its assertiveness
in a place as sacred as a forest.

(Tr)averse

quand tombe la pluie,
il y a ceux
qui refusent de se mouiller,
et ceux
qui osent marcher dessous,
préoccupés à savoir
comment ils vont se sécher.

Sea you

and I hope
you’ll fall in love
with the ocean,
too.

Mot-dit

il est des êtres
dont les âmes
vous touchent plus
que leurs mots.

Le baiser qu'on sert

écoutons la symphonie de la pluie
au beau milieu de la nuit,
tenons-nous la main sous les ruissellements,
pour que je te sois tienne à cet instant,
joignons nos lèvres vierges d'amour
qui n'attendent qu'à ce qu'on les savoure.

L’être d’amour

chère bien-aimée,
je t’écris à l’orée du soleil,
avide de ton ombre,
bien que tu sois le faisceau
le plus lumineux qui m’ait aveuglé,
dissolvant ma tristesse
dans ta splendide lueur,
merci de raviver mon être
d’amoureuses couleurs.

Dessin verbal

tu es le plus beau tableau
que je puisse peindre
de mes mots.

Fate

we met,
our souls mate.

A(i)mer

les épopées relationnelles
m'ont instruit sur le
statut ineffable des amours passionnels,
puis, vint une personne, qui, à elle seule,
fit régner un parfum d'évidence,
avec elle, la synergie s'apparente
à de l'interpénétration,
l'osmose est telle, que les
baisers torrides luttent
afin de ne pas terminer
dans l'inévitable prisme érotique,
le spectre d'un potentiel me tétanise,
qu'adviendra-t-il de nous ?

Senses

unexpected meeting or known stranger,
I want to love you so much,
I want to put your smell in a bottle
and carry it wherever I go,
inhaling it like it was my oxygen,
I'd capture the spark in your eyes,
and place it in a jar to glance at it
in the darkest nights,
I'd record that contagious laugh,
and listen to it like
it's the last sound on Earth
that I want echoing in my ears.

Amour séraphique

les doigts s’écumant
dans les cheveux,
les yeux perdus
dans le
cosmique amoureux.

Jardin

de ses mots,
elle dévêt mon cœur,
pelant chaque couche
de tristesse
comme on ôte
les pétales d’une fleur,
méticuleusement,
tendrement,
jusqu’à y étaler
un baume de douceur.

Eye see you

she caught me by surprise,
feeling love within her eyes,
like puncturing my fractured soul,
planting the belief that I'm not alone.

Qui tu hais

j'entends tes pensées,
toutes celles
qui laissent flétrir
ton envie, ta joie,
celles qui parasitent
ta candeur,
amour, écoute ta lumière,
laisse-toi guider
vers une aube cosmique,
oui, un nouveau jour
se lèvera, où tu seras
ensevelie sous les combles
d'un indubitable bonheur.

So(u)lution

you have to remember
that what matters most
is not the body shape,
but the spirit that moves within.

Pascience

j'écouterais ses silences,
offrirais ma présence,
lui chuchoterais des évidences.

(Dis)appearance

the shapes of her silhouette
resemble music vibrations,
the contours molding her face
have long been camouflaged
by her flowing and fierce hair,
sculpted like ocean waves.

Marit(r)ime

je cesserais de surfer, meurtrie,
sur les vagues éphémères,
je t'offrirais chaque continent et ses mers,
je ferais danser dans tes yeux l'envie.

Wat(h)er

I found more treasures in her heart
than in the deepest of oceans.

Rasséréner

elle ne craint jamais
de se noyer
en plongeant
dans ses yeux inondés,
ce dont l'amour a besoin,
c'est un enlacement
saveur « je resterais ».

Vision céleste

chaque battement de cils
laisse tomber de la poussière étoilée,
je pourrais me perdre infiniment
au milieu de ses sphères humides,
pour les convertir en sérénité cosmique.

Heart’s choice

I’ll always pick you,
a thousand times over.

Limité

l'éternité est trop courte
pour infiniment savourer ta candeur.

Sinphony

he looked into my eyes,
and contemplated my soul,
I listened to his melody,
and heard his feelings.

Sublimante

n'est-elle pas divine,
cette femme aux allures cristallines,
démangée par une passion filante,
dont la beauté est perpétuellement ardente ?

Love fragrance

ecstasy scented her smell,
how not to fall under her spell?
oh she was a walking treasure,
more soothing than nature.

Aimant

on désirait
se perdre
dans les yeux
de l’un
tout en retrouvant
un semblant
de soi
chez l’autre.

Corporel

j'ai parcouru des kilomètres
en touchant du bout des doigts
sa peau brune et douce,
captivantes furent les nuits blanches
et assommantes, passées à composer
le somptueux verset que représentent ses yeux,
mais ses baisers étaient ce qui faisait vibrer
le plus d'atomes dans mon enveloppe corporelle,
quand ses lèvres n'étaient pas apposées
aux miennes, l'oxygène était limité,
comme l'était la beauté du ciel étoilé,
s'il n'apparaissait pas dans le reflet
de ses câlines et aimantes prunelles,
toutes deux asservissant le temps
avec leur allure éternelle.

J’attemps

j’attendrais que retombe
la poussière de ton ombre,
je m’en irais,
danser,
sous chaque lune,
en quête de lacs couleur prune,
j’affranchirais ma hantise de l’éternel,
aussi longtemps que ton affection sera mienne.

(Pré)parer

je panse le pire
pour mieux allier.

Et vie dense

parfois, ceux que tu côtoies
depuis quelques années
laissent une infime
empreinte fantôme,
dénuée d'importance,
et puis, il y a ceux
que tu rencontres
par pur hasard
et qui, en quelques instants,
te chamboulent
l'âme à vie.

Dessein

je ferais chanter l'essaim,
dresser tes seins,
pleurer les saints.

Confession

je t'aime,
c'est le pire aveu de mon cœur,
celui qui crucifiera la relation,
car oui, te l'avouer est à la fois
un poids et une libération,
comme allumer une flamme
sous une pluie torrentielle,
et espérer que jamais
elle ne s'éteigne.

La fin est un début

par où commencer,
quand on sait comment ça finit ?

Once upon never

some
stories
ended
before
they
even
begun.

Wrong date

I couldn't have you
as my forever,
so I only settled
to be your right now.

Nostallergie

ses dents dévoilaient un alignement nacré,
les perles iridescentes roulaient sur ses joues,
ses pupilles flottaient dans un océan élégiaque,
les lèvres chantonnaient des sonnets flous,
son esprit pourrissait sur les promesses estompées.

Beleave

our relationship went
from effortless soulmates,
to absolutely nowhere,
what kills me is that
even now, I would have
done anything to go
to that nowhere with you.

Histoire (dr)amour

c'était donc ça, notre tragédie,
tomber en amour
sans jamais se rattraper.

If only

had time given them a chance,
oh how happy they would have been.

Et sans ciel

il ne reste que l'ombre
de ton passage dans ma vie,
un éclat de bonheur
entre les fragments de tristesse,
le souvenir d'une caresse ensoleillée
parmi les averses quotidiennes,
un goût amer et tenace demandant
« et si cela avait marché ? »

Délai-sser

et nous avons tant tardé,
déambulant frénétiquement,
il était temps de déverser
ces mutiques sentiments.

Disaster recipe

peel the emotions,
water the poison.

Mariage

il ne l'aime pas tout à fait,
il aime ce qu'elle lui a donné :
la stabilité,
à force, l'amour n'est-il pas routinier ?

S'a(b)imer

comme brûle l'ivresse de l'amour
dans le désarroi du jour,
comme flâne l'impétuosité de la tendresse
dans la vie qui empresse.

Mettre un terme

le langage de l'amour
est violemment prémonitoire :
on en « pince » pour quelqu'un
lorsqu'on a un « coup » de foudre,
avant de « tomber » amoureux.

(Pr)omettre

tu sais, j'aime pas les fins,
s'efforcer de ranger un être qui a compté
dans le placard du passé,
se souvenir de l'oublier n'apporte rien.

Amnistie

ce qui me fait le plus mal,
ce n’est pas ton départ,
mais de ne pas réussir à t’en vouloir.

Bone-killer

when your flesh and bones
gravitate toward him,
despite the risk of decay
in his presence,
when your mind can't help
but fantasize over
a dreamy romantic potential,
when your brain silently
screams for a retreat,
but your heart
stands its despairing ground,
you know,
you know you're losing yourself.

Ali-ment

cessons de penser
qu'avec les miettes d'une relation,
il est possible de cuisiner
un festin d'amour.

Débris du temps

demain, je partirais,
je veux que mes lèvres
flétrissent sur les tiennes,
je veux goûter ton amertume
dans un dernier baiser,
tout en écopant les larmes
d'un ultime orgasme,
et je bercerais tes rêves ce soir,
avant d'étourdir inlassablement
tes souvenirs l'aurore venue.

(R)antre

est-ce vrai ?
l'amour ne peut se ressentir
qu'au creux de ses reins,
en habitant ses hanches ?
tant s'engouffrent sans ressortir,
quelle est la véritable issue
de ce faux plaisir ?

Doux leurre

— comment ça s'est fini entre vous ?
— la fin n'a jamais vraiment débuté, elle s'est pointée, d'un coup, telle une foudre brutale et silencieuse.
vois-tu, cette relation était vouée à n'avoir aucune temporalité, elle durerait indéniablement, elle arpenterait chaque période et ploierait la distance, même la mort n'oserait s'en mêler.
et puis, les mots parlaient d'un toujours, la connivence était certitude, les silences émanaient une aura d'évidence, les regards transpiraient de complicité, même les disputes étaient auréolées d'affection profonde…
malgré tout cela, du jour au lendemain : plus rien.
tel un cadeau empoisonné, la vie offre une âme sœur avec une date de péremption, un deuil à retardement.

À nonyme

j'ai écrit ton nom
dans les flammes
du bûcher de mon cœur,
j'ai crié ton nom
à la tourmentée mer
pour que l'écho te parvienne,
ô si tu avais idée,
ô combien de fois
ai-je susurré ton nom
au virevoltant vent,
ton nom est pire
qu'une ombre meurtrière
ou meurtrie,
pire qu'un souvenir mélancolique
d'un temps que nous
ne connaîtrons plus,
ton nom résonne, hante,
puis me dévore d'amertume,
dis-moi, dois-je attendre
longtemps encore,
pour que ton nom
ne soit plus tien,
ne te soit plus propre,
pour qu'il redevienne commun ?

La future aube nocturne

et jusqu'à tous les futurs demains,
je penserais à nos hiers,
notre vie mortuaire,
nos sentiments contraires,
pour ne plus m'endormir chaque matin.

Hantante

quel est le pire entre
ce qui a été et ne sera plus,
et ce qui aurait pu être mais ne sera jamais ?

Avide

la chose la plus triste ?
n'avoir personne qui habite l'esprit
lors de la composition d'un poème.

(Dés)espérer

elle s'est égarée
dans les cimes de ses sentiments,
elle n'y trouva que des débris
d'un passé onirique,
ainsi que des ruines de romantisme,
sa quête d'affection la démangeait,
tant intensément,
qu'elle grattait les mêmes résidus
d'amours qu'elle savait froissés.

Temps pis

je continue
de penser
que le passé
sera présent
dans mon futur.

Plaphonic

have you ever wished
that you could mute
your feelings?

Ère-rance

elle vadrouilla une énième fois
dans la pellicule de l'ataraxie,
en quête d'une étreinte
au goût de nostalgie âcre,
elle se contenta de remémorer
cet état insouciant et enivrant,
persuadée que la vie gardera
immuablement cette odeur fade.

Cornucopian chasm

I dressed like the night sky,
kissed my starry lover goodbye,
torrential were the tears of the clouds,
as I got sucked into the aquatic crowd,
wishing to evaporate in my life's smoke,
I, naturally, donned my emotionless cloak.

Cycle

j'essore mes larmes de la dernière saison,
afin de déverser la peine que je tais,
la haine que je germe,
et le silence qui me ronge.

Floating in hopelessness

as I drowned in the ocean of my life,
I felt trapped by societal foam,
waves of tragic humanity
washed up on my spirit,
the water and my tears became conflated,
as I thought of all the sinking souls
desperately screaming underwater.

Verset des larmes

je suis la bruine
parmi les déprimes,
une lueur fine
qu'on opprime,
telle une épine
mise en abyme.

Équi-libre

la stabilité
du toujours
m'ennuie,
la spontanéité
du parfois
me divertit.

Peine-ombre

baladons-nous
dans les couloirs de mes pensées,
trinquons
à ces émotions estompées,
feignons
l’envie de les substituer.

Regu-late

what if
"forever"
was meant
to be used
temporarily?

(A)pesant

chaque jour,
je porte le même
toit nuageux,
un poids chargé
d'intempéries salvatrices,
si écrasant,
si pesant,
que même Atlas
en tremble.

À larme

j'écoutais son âme
au berceau de ses pleurs,
elle qui était avare
d'émotions candides
dévoilait enfin
les cris meurtris
des abysses
de son cœur.

Aïe-lleurs

emmène-moi là où les poètes
n’ont pas l’esprit obscurci,
promenons-nous sur la comète,
là où joyeuse est la poésie.

À mort

berce-moi de tes mots quand tombe la nuit,
feins que je suis la seule que tu envies,
tombons en amour, faisons semblant d'y croire,
après tout, les sentiments ne sont qu'illusoires.

L'homme est cœur

il ne parvenait pas à l'aimer, elle,
l'éternelle inconquise,
la fulgurante indécise,
dont l'esprit azur ensorcelle.

Ex-cave

elle est de celle
dont la profondeur est telle
qu'on ne cesse de creuser
dans son être emmuré.

Clair-obscur

le jour naît, la nuit m'effraie,
hantée, enterrée et tiraillée,
mon existence trône, toujours tergiversée.

à cette âme lunaire et semblable
à une éclipse, tant oscille sa flamme,
je lui souhaite autant de bien que de mal.

j'ai compris que sans noirceur,
la lumière ne peut taire la peur,
malgré cette accoutumance de fuir les projecteurs.

que me parvienne alors une once de vie,
un semblant d'émoi dans ce monde gris,
pourvu que mon essence s'éloigne de l'ineptie.

ô moi, je me pleure et me manque,
nul ne peut combler cette vacuité affolante,
j'incarne ma propre imprécation vociférante.

Compenser

comment panser un cœur ?
comment pense un cœur ?

Évasion

ses rêves laissent flotter autour
un parfum mélancoliquement illusoire,
eux seuls la blottissent d'un amour
qui ne verra jamais le soir.

Draine

je lui ai dit adieu,
après une étreinte inconsolable
de nos souvenirs,
après la rédaction
d'une dernière de nos lettres ponctuelles,
après le deuil
prématuré et inattendu
de notre profonde amitié,
après les larmes amères
tombant à l'écoute
de notre singulier poète,
je lui ai dit adieu.

Envie-sage

depuis que tu n'es plus là,
le nectar d'amour
ne coule plus dans mes veines,
il m'arrive d'entendre ta voix
résonner dans la nuit,
comme une cruelle berceuse
durant les maintes insomnies,
te rencontrerais-je à nouveau
dans l'âme d'autres personnes ?
notre amour était éphémère,
mais il me manque en permanence.

Not today

she wanted to take my breath,
she drowned me in dark clouds,
I glazed upon Death,
contemplated plunging into the void, proud,
her somber sojourn has left a mark,
despite her familiar, yet toxic grip,
I, lonely, pulled out of the dark,
and escaped the fate of the one-ticket trip.

Taire-mine

à toi, qui regarde la lune,
te demandant si tu es le seul
astre désaxé, la seule
particule invisible,
à toi, dont la force solaire
s'érode au fil des saisons,
bien que je ne te vois pas,
j'entends ta peine salvatrice.

Éclaircie sombre

quand le ciel s'abat sur toi,
et que les cendres funèbres
te coupent la chair,
ne succombe pas au tonnerre,
car les rayons apprennent à briller
dans la plus abyssale noirceur.

Songe diurne

convoque-moi dans ton sommeil,
laisse-moi loger dans tes rêves,
pour que chaque matinée, à peine éveillée,
l'aurore se lève devant ton sourire aux lèvres.

Incubus

he broke me,
hauntingly stealing my sleep,
routinely purging my smile,
irreversibly nesting in my heart.

Apathie

rien
ne pèse
plus lourd
que
le vide.

Solacier

il épongea le chagrin de son pauvre cœur,
frappé par l'inanité de ses pulsions amoureuses,
des maux à le faire trembler de peur,
battant pour des relations peu fructueuses.

T(h)orn

how does one fall in love?
when you're a seed bereft of tenderness,
planted in pessimism and disillusionment,
when cuddling scares
more than repares,
similar to hugging a sea urchin,
how does one fall in love?

Essence

qui est la grande autrice de l'univers ?
celle qui régit nos vies sur terre ?
tu y crois, toi, à cette transcendance qui fait trembler les cratères ?

,

Perdu(r)e

j'ai trop donné sans recevoir,
trop combattu sans pouvoir,
je sens flotter une lassitude,
oui, aimer rime avec désuétude.

Ombreux

la solitude m'étreint
plus qu'aucun humain.

Un cœur à pendre

ne vous approchez pas,
mon auréole est démoniaque,
mon cœur est un sanctuaire de déceptions,
mes yeux sont aveuglés par la bonté,
mon corps est scarifié de traumatismes,
mon âme est fatiguée des désillusions,
ne vous aventurez pas,
ne vous approchez pas.

Reviens-toi

notre baiser d'adieu
avait un goût d'au revoir.

Écume ternie

sa salive ne pouvait s’écouler
pour une langue aux effluves romantiques,
il bavait sur les mots tendres,
bien que sortant d’une bouche vierge de passion.

Vie sépulcrale

ses yeux avaient une couleur macabre,
comme si son regard ne pouvait se détourner
de la profonde affliction dégagée par son aura.

elle converse, rigole, danse, sourit,
dressant une façade granitique.

pourtant, son entité semble désoxygénée,
elle existe, sans pour autant vivre.

Aqua bon ?

qui pourra me repêcher
une fois noyée dans
les abysses naufrageuses
que représente la vie ?
on coule ou on flotte,
moi, je sombre.

Détruis-ment

je me mens,
tu me manques,
il m'aimante.

Encrer son être

je me suis amarrée
auprès de son cœur,
friande d'une orée
pleine de saveurs.

Routi-nier

quand muettes sont les émotions,
quand anesthésiée est la passion,
que dévoile la levée du masque de l'amour ?
est-ce suffisant pour un autre jour ?

Scène éblouie

je prends des éclats de lune
à la lueur du soleil,
tant que sa compagnie
n'est pas jointe à la mienne,
l'aube resplendissante
ne cessera de m'aveugler,
si elle est absente devant ce théâtre,
il est inutile de le contempler.

Absens

agenouillée dans les cendres de mes pleurs,
ma vie rythmée par des traumatismes errants,
j'accueille à bras ouverts ce cynisme destructeur,
et espère que la faucheuse me sauvera du néant.

Voyage intemporel

allons visiter les catacombes de ton cœur,
mon amour, montre-moi les vestiges
que ton âme couve,
fais-moi comprendre
la langue de ton être,
non pas afin de t'aimer couramment,
mais inconditionnellement dans le temps.

Ign-essence

son cœur est un brasier incandescent
capable d'alimenter n'importe quelle âme.

Evitcepsrep

howling at the moon,
ending the perpetuating silence,
longing for someone to embrace,
praying for a lethal kiss.

Remerciements

Je souhaite premièrement remercier mes proches d'avoir embarqué sur cette aventure littéraire avec un soutien inconditionnel.

Plus particulièrement, merci à ma merveilleuse amie N'diaye, pour m'avoir ressassé pendant des années qu'elle croyait en moi et ma plume.

Merci à la fabuleuse Zoé pour sa dévotion et ses encouragements.

Merci à mon formidable oncle Alexandre pour cette préface sublime.

Merci à la splendide Lisa d'avoir magnifiquement illustré la couverture.

Merci à Le Lys Bleu Éditions d'avoir cru en mon recueil et de m'avoir offert l'opportunité de réaliser un rêve que je percevais si inaccessible.

Merci à chacun et à chacune qui a pris le temps de lire ne serait-ce qu'un poème, et qui m'a soigneusement fait part d'avis constructifs.

Enfin, merci à vous, lecteurs et lectrices, d'avoir feuilleté certains de mes états d'âme et de soutenir ce projet longtemps désiré.

Merci à tous, infiniment.

Table des matières

Sentir 11
Art(r)iste 12
Intro-vers-tie 13
Constelestial 14
Vitalité fugitive 15
(Dés)astre 16
Ray-diation 17
Ci-yeux 18
Parc(i)elle 19
Peacefulness 20
(Tr)averse 21
Sea you 22
Mot-dit 23
Le baiser qu'on sert 24
L'être d'amour 25
Dessin verbal 26
Fate 27
A(i)mer 28
Senses 29
Amour séraphique 30
Jardin 31
Eye see you 32
Qui tu hais 33
So(u)lution 34
Pascience 35
(Dis)appearance 36

Marit(r)ime 37
Wat(h)er 38
Rasséréner 39
Vision céleste 40
Heart's choice 41
Limité 42
Sinphony 43
Sublimante 44
Love fragrance 45
Aimant 46
Corporel 47
J'attemps 48
(Pré)parer 49
Et vie dense 50
Dessein 51
Confession 52
La fin est un début 53
Once upon never 54
Wrong date 55
Nostallergie 56
Beleave 57
Histoire (dr)amour 58
If only 59
Et sans ciel 60
Délai-sser 61
Disaster recipe 62
Mariage 63
S'a(b)imer 64
Mettre un terme 65
(Pr)omettre 66
Amnistie 67
Bone-killer 68
Ali-ment 69
Débris du temps 70
(R)antre 71

Doux leurre......72
À nonyme......73
La future aube nocturne......74
Hantante......75
Avide......76
(Dés)espérer......77
Temps pis......78
Plaphonic......79
Ère-rance......80
Cornucopian chasm......81
Cycle......82
Floating in hopelessness......83
Verset des larmes......84
Équi-libre......85
Peine-ombre......86
Regu-late......87
(A)pesant......88
À larme......89
Aïe-lleurs......90
À mort......91
L'homme est cœur......92
Ex-cave......93
Clair-obscur......94
Compenser......95
Évasion......96
Draine......97
Envie-sage......98
Not today......99
Taire-mine......100
Éclaircie sombre......101
Songe diurne......102
Incubus......103
Apathie......104
Solacier......105
T(h)orn......106

Essence 107
, ... 108
Perdu(r)e 109
Ombreux 110
Un cœur à pendre 111
Reviens-toi 112
Écume ternie 113
Vie sépulcrale 114
Aqua bon ? 115
Détruis-ment 116
Encrer son être 117
Routi-nier 118
Scène éblouie 119
Absens 120
Voyage intemporel 121
Ign-essence 122
Evitcepsrep 123

Imprimé en Allemagne
Achevé d'imprimer en juin 2023
Dépôt légal : juin 2023

Pour

Le Lys Bleu Éditions
40, rue du Louvre
75001 Paris

www.ingramcontent.com/pod-product-compliance
Lightning Source LLC
La Vergne TN
LVHW041107150826
845673LV00007B/1951

* 9 7 9 1 0 3 7 7 9 7 0 4 9 *